My Bilingual Picture Book
Mi libro ilustrado bilingüe

Sefa's most beautiful children's stories in one volume

Ulrich Renz • Barbara Brinkmann:

Sleep Tight, Little Wolf · Que duermas bien, pequeño lobo

For ages 2 and up

Cornelia Haas • Ulrich Renz:

My Most Beautiful Dream · Mi sueño más bonito

For ages 2 and up

Ulrich Renz • Marc Robitzky:

The Wild Swans · Los cisnes salvajes

Based on a fairy tale by Hans Christian Andersen

For ages 5 and up

© 2024 by Sefa Verlag Kirsten Bödeker, Lübeck, Germany. www.sefa-verlag.de

Special thanks to Paul Bödeker, Freiburg, Germany

All rights reserved.

ISBN: 9783756304448

Read · Listen · Understand

Sleep Tight, Little Wolf

Que duermas bien, pequeño lobo

Ulrich Renz / Barbara Brinkmann

English — bilingual — Spanish

Translation:

Pete Savill (English)

Anneli Landmesser (Spanish)

Audiobook and video:

www.sefa-bilingual.com/bonus

Password for free access:

English: `LWEN1423`

Spanish: `LWES1428`

Good night, Tim! We'll continue searching tomorrow.
Now sleep tight!

¡Buenas noches Tim! Seguiremos buscando mañana.
Ahora ¡que duermas bien!

It is already dark outside.

Afuera ya ha oscurecido.

What is Tim doing?

¿Qué está haciendo Tim ahí?

He is leaving for the playground.
What is he looking for there?

Se está yendo al parque infantil.
¿Qué está buscando ahí?

The little wolf!

He can't sleep without it.

¡El pequeño lobo!

No puede dormir sin él.

Who's this coming?

¿Quién viene ahí?

Marie! She's looking for her ball.

¡Marie! Está buscando su pelota.

And what is Tobi looking for?

¿Y qué está buscando Tobi?

His digger.

Su excavadora.

And what is Nala looking for?

¿Y qué está buscando Nala?

Her doll.

Su muñeca.

Don't the children have to go to bed?
The cat is rather surprised.

¿No tienen que ir a dormir los niños?
El gato se sorprende mucho.

Who's coming now?

¿Quién viene ahora?

Tim's mum and dad!

They can't sleep without their Tim.

¡La mamá y el papá de Tim!

Ellos no pueden dormir sin su Tim.

More of them are coming! Marie's dad.
Tobi's grandpa. And Nala's mum.

¡Y ahí vienen aún más! El papá de Marie.
El abuelo de Tobi. Y la mamá de Nala.

Now hurry to bed everyone!

¡Ahora rápido a la cama!

Good night, Tim!
Tomorrow we won't have to search any longer.

¡Buenas noches Tim!
Mañana ya no tendremos que buscar más.

Sleep tight, little wolf!

¡Que duermas bien, pequeño lobo!

Cornelia Haas • Ulrich Renz

My Most Beautiful Dream

Mi sueño más bonito

Translation:

Sefâ Jesse Konuk Agnew (English)

Raquel Catala (Spanish)

Audiobook and video:

www.sefa-bilingual.com/bonus

Password for free access:

English: **BDEN1423**

Spanish: **BDES1428**

My Most Beautiful Dream
Mi sueño más bonito

Cornelia Haas · Ulrich Renz

English · bilingual · Spanish

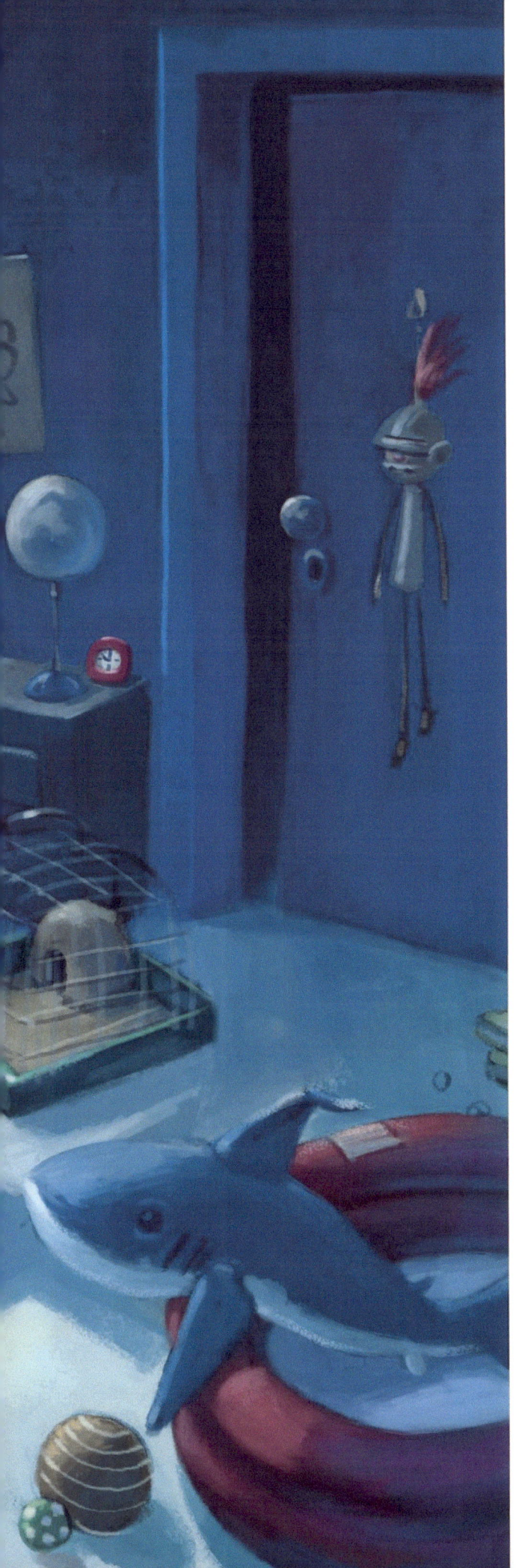

Lulu can't fall asleep. Everyone else is dreaming already – the shark, the elephant, the little mouse, the dragon, the kangaroo, the knight, the monkey, the pilot. And the lion cub. Even the bear has trouble keeping his eyes open …

Hey bear, will you take me along into your dream?

Lulu no puede dormir. Todos los demás ya están soñando – el tiburón, el elefante, el ratoncito, el dragón, el canguro, el caballero, el mono, el piloto. Y el pequeño leoncito. Al osito también se le cierran casi los ojos …

Oye osito, ¿me llevas contigo a tu sueño?

And with that, Lulu finds herself in bear dreamland. The bear catches fish in Lake Tagayumi. And Lulu wonders, who could be living up there in the trees?

When the dream is over, Lulu wants to go on another adventure. Come along, let's visit the shark! What could he be dreaming?

Y así está Lulu en el país de los sueños de los osos. El osito está pescando en el lago de Tagayumi. Y Lulu se pregunta, ¿quién vivirá arriba en los árboles?

Al terminar el sueño, Lulu quiere descubrir aún más cosas. ¡Ven conmigo, vamos a visitar al tiburón! ¿Qué estará soñando?

The shark plays tag with the fish. Finally he's got some friends! Nobody's afraid of his sharp teeth.

When the dream is over, Lulu wants to go on another adventure. Come along, let's visit the elephant! What could he be dreaming?

El tiburón está jugando a perseguir a los peces. ¡Por fin tiene amigos! Nadie tiene miedo de sus dientes puntiagudos.

Al terminar el sueño, Lulu quiere descubrir aún más cosas. ¡Venid con nosotros, vamos a visitar al elefante! ¿Qué estará soñando?

The elephant is as light as a feather and can fly! He's about to land on the celestial meadow.

When the dream is over, Lulu wants to go on another adventure. Come along, let's visit the little mouse! What could she be dreaming?

El elefante es tan ligero como una pluma y ¡puede volar! Está a punto de aterrizar en la pradera celestial.

Al terminar el sueño, Lulu quiere descubrir aún más cosas. ¡Venid con nosotros, vamos a visitar al ratoncito! ¿Qué estará soñando?

The little mouse watches the fair. She likes the roller coaster best. When the dream is over, Lulu wants to go on another adventure. Come along, let's visit the dragon! What could she be dreaming?

El ratoncito está mirando la feria. Lo que más le gusta es la montaña rusa. Al terminar el sueño, Lulu quiere descubrir aún más cosas. ¡Venid con nosotros, vamos a visitar al dragón! ¿Qué estará soñando?

The dragon is thirsty from spitting fire. She'd like to drink up the whole lemonade lake.

When the dream is over, Lulu wants to go on another adventure. Come along, let's visit the kangaroo! What could she be dreaming?

El dragón tiene sed de tanto escupir fuego. Le gustaría beberse todo el lago de limonada.

Al terminar el sueño, Lulu quiere descubrir aún más cosas. ¡Venid con nosotros, vamos a visitar al canguro! ¿Qué estará soñando?

The kangaroo jumps around the candy factory and fills her pouch. Even more of the blue sweets! And more lollipops! And chocolate!
When the dream is over, Lulu wants to go on another adventure. Come along, let's visit the knight! What could he be dreaming?

El canguro salta por la fábrica de dulces y llena toda su bolsa. ¡Más de los caramelos azules! ¡Y más piruletas! ¡Y chocolate!

Al terminar el sueño, Lulu quiere descubrir aún más cosas. ¡Venid con nosotros, vamos a visitar al caballero! ¿Qué estará soñando?

The knight is having a cake fight with his dream princess. Oops! The whipped cream cake has gone the wrong way!

When the dream is over, Lulu wants to go on another adventure. Come along, let's visit the monkey! What could he be dreaming?

El caballero está teniendo una pelea de pasteles con la princesa de sus sueños. ¡Oh, no! ¡El pastel de crema ha ido en la dirección equivocada! Al terminar el sueño, Lulu quiere descubrir aún más cosas. ¡Venid con nosotros, vamos a visitar al mono! ¿Qué estará soñando?

Snow has finally fallen in Monkeyland. The whole barrel of monkeys is beside itself and getting up to monkey business.

When the dream is over, Lulu wants to go on another adventure. Come along, let's visit the pilot! In which dream could he have landed?

¡Por fin ha nevado en el país de los monos! Toda la banda de monos se ha vuelto loca y está haciendo tonterías.

Al terminar el sueño, Lulu quiere descubrir aún más cosas. ¡Venid con nosotros, vamos a visitar al piloto! ¿En qué sueño habrá aterrizado?

The pilot flies on and on. To the ends of the earth, and even farther, right on up to the stars. No other pilot has ever managed that.

When the dream is over, everybody is very tired and doesn't feel like going on many adventures anymore. But they'd still like to visit the lion cub.

What could she be dreaming?

El piloto vuela y vuela. Hasta el fin del mundo y aún más allá, hasta las estrellas. Esto no lo ha conseguido ningún otro piloto.

Al terminar el sueño, están ya todos muy cansados y no desean descubrir mucho más. Pero aún quieren visitar al pequeño leoncito. ¿Qué estará soñando?

The lion cub is homesick and wants to go back to the warm, cozy bed. And so do the others.

And thus begins ...

El pequeño leoncito tiene nostalgia y quiere volver a su cálida y acogedora cama.
Y los demás también.

Y ahí empieza ...

... Lulu's
most beautiful dream.

... el sueño más bonito
de Lulu.

Ulrich Renz • Marc Robitzky

The Wild Swans

Los cisnes salvajes

Translation:

Ludwig Blohm, Pete Savill (English)

Marcos Canedo, Anouk Bödeker (Spanish)

Audiobook and video:

www.sefa-bilingual.com/bonus

Password for free access:

English: **WSEN1423**

Spanish: **WSES1428**

Ulrich Renz · Marc Robitzky

The Wild Swans
Los cisnes salvajes

Based on a fairy tale by

Hans Christian Andersen

English · bilingual · Spanish

Once upon a time there were twelve royal children – eleven brothers and one older sister, Elisa. They lived happily in a beautiful castle.

Había una vez doce hijos de un rey – once hermanos y una hermana mayor, Elisa. Ellos vivían felices en un castillo hermoso.

One day the mother died, and some time later the king married again. The new wife, however, was an evil witch. She turned the eleven princes into swans and sent them far away to a distant land beyond the large forest.

Un día murió la madre y algún tiempo después, el rey se volvió a casar. Pero la nueva esposa era una bruja malvada. Convirtió a los once príncipes en cisnes y les mandó a un país muy lejano más allá del gran bosque.

She dressed the girl in rags and smeared an ointment onto her face that turned her so ugly, that even her own father no longer recognized her and chased her out of the castle. Elisa ran into the dark forest.

A la niña la vistió con harapos y le puso una crema fea en la cara, de manera que ni su propio padre la reconoció y la echó del castillo. Elisa corrió al bosque oscuro.

Now she was all alone, and longed for her missing brothers from the depths of her soul. As the evening came, she made herself a bed of moss under the trees.

Ahora estaba más sola que nunca y añoró con toda el alma a sus hermanitos desaparecidos. Cuando anocheció, se hizo una cama de musgo bajo los árboles.

The next morning she came to a calm lake and was shocked when she saw her reflection in it. But once she had washed, she was the most beautiful princess under the sun.

A la mañana siguiente siguiente llegó a un lago de aguas tranquilas y se asustó cuando vió su imagen reflejada en el agua. Pero después de haberse lavado, fue la princesa más linda bajo el sol.

After many days Elisa reached the great sea. Eleven swan feathers were bobbing on the waves.

Después de muchos días, Elisa llegó al gran mar. En las olas, once plumas de cisne se mecían.

As the sun set, there was a swooshing noise in the air and eleven wild swans landed on the water. Elisa immediately recognized her enchanted brothers. They spoke swan language and because of this she could not understand them.

Cuando se puso el sol, hubo un murmullo en el aire y once cisnes salvajes aterrizaron sobre el agua. Elisa reconoció inmediatamente a sus hermanos embrujados. Pero como hablaban el idioma de cisnes, ella no les podía entender.

During the day the swans flew away, and at night the siblings snuggled up together in a cave.

One night Elisa had a strange dream: Her mother told her how she could release her brothers from the spell. She should knit shirts from stinging nettles and throw one over each of the swans. Until then, however, she was not allowed to speak a word, or else her brothers would die.
Elisa set to work immediately. Although her hands were burning as if they were on fire, she carried on knitting tirelessly.

De día los cisnes salían volando, de noche los hermanos y la hermana se acurrucaban los unos con los otros en una cueva.

Una noche, Elisa tuvo un sueño extraño: Su madre le dijo cómo podría liberar a sus hermanos. Tendría que tejer una camiseta de ortiga, una mala hierba con hojas punzantes, para cada uno de los cisnes y vestirles con ella. Pero hasta entonces no podría decir ni una palabra, de lo contrario sus hermanos morirían.
Elisa empezó de inmediato con su trabajo. Aunque sus manos le ardían como fuego, seguía tejiendo incansablemente.

One day hunting horns sounded in the distance. A prince came riding along with his entourage and he soon stood in front of her. As they looked into each other's eyes, they fell in love.

Un día sonaron cornetas de caza a lo lejos. Un príncipe llegó con su séquito y de pronto estuvo frente a ella. Cuando los dos se miraron a los ojos, se enamoraron.

The prince lifted Elisa onto his horse and rode to his castle with her.

El príncipe levantó a Elisa en su caballo y cabalgó con ella hasta su castillo.

The mighty treasurer was anything but pleased with the arrival of the silent beauty. His own daughter was meant to become the prince's bride.

El poderoso tesorero estaba de todo menos contento con la llegada de la bella princesa silenciosa. Pues su propia hija debía ser la novia del príncipe.

Elisa had not forgotten her brothers. Every evening she continued working on the shirts. One night she went out to the cemetery to gather fresh nettles. While doing so she was secretly watched by the treasurer.

Elisa no había olvidado a sus hermanitos. Cada noche seguía trabajando en las camisetas. Una noche se fue al cementerio para buscar ortigas frescas. En esto, el tesorero le observó en secreto.

As soon as the prince was away on a hunting trip, the treasurer had Elisa thrown into the dungeon. He claimed that she was a witch who met with other witches at night.

Tan pronto como el principe fue de cacería, el tesorero hizo meter en el calabozo a Elisa. Afirmó que era una bruja que se reunía con otras brujas por las noches.

At dawn, Elisa was fetched by the guards. She was going to be burned to death at the marketplace.

En la madrugada, Elisa fue recogida por los guardias. Debía ser quemada en la plaza principal.

No sooner had she arrived there, when suddenly eleven white swans came flying towards her. Elisa quickly threw a shirt over each of them. Shortly thereafter all her brothers stood before her in human form. Only the smallest, whose shirt had not been quite finished, still had a wing in place of one arm.

En cuanto llegó ahí, once cisnes blancos se acercaron volando. Rápidamente Elisa les lanzó las camisetas vistiéndolos. De pronto todos sus hermanos se encontraban frente a ella en su forma humana. Solo el menor, cuya camiseta no estaba del todo terminada, se quedó con una ala en lugar de un brazo.

The siblings' joyous hugging and kissing hadn't yet finished as the prince returned. At last Elisa could explain everything to him. The prince had the evil treasurer thrown into the dungeon. And after that the wedding was celebrated for seven days.

And they all lived happily ever after.

Las caricias y besos todavía no habían acabado cuando el principe regresó. Por fin Elisa le pudo explicar todo. El principe hizo meter en el calabozo al malvado tesorero. Y luego, se celebró la boda por siete días.

Y vivieron felices y comieron perdices.

Hans Christian Andersen

Hans Christian Andersen was born in the Danish city of Odense in 1805, and died in 1875 in Copenhagen. He gained world fame with his literary fairy-tales such as „The Little Mermaid", „The Emperor's New Clothes" and „The Ugly Duckling". The tale at hand, „The Wild Swans", was first published in 1838. It has been translated into more than one hundred languages and adapted for a wide range of media including theater, film and musical.

Barbara Brinkmann was born in Munich in 1969 and grew up in the foothills of the Bavarian Alps. She studied architecture in Munich and is currently a research associate in the Department of Architecture at the Technical University of Munich. She also works as a freelance graphic designer, illustrator, and author.

Cornelia Haas has been illustrating childrens' and adolescents' books since 2001. She was born near Augsburg, Germany, in 1972. She studied design at the Münster University of Applied Sciences and is currently a professor on the faculty of Münster University of Applied Sciences teaching illustration.

Marc Robitzky, born in 1973, studied at the Technical School of Art in Hamburg and the Academy of Visual Arts in Frankfurt. He works as a freelance illustrator and communication designer in Aschaffenburg (Germany).

Ulrich Renz was born in Stuttgart, Germany, in 1960. After studying French literature in Paris he graduated from medical school in Lübeck and worked as head of a scientific publishing company. He is now a writer of non-fiction books as well as children's fiction books.

Do you like drawing?

Here are the pictures from the story to color in:

www.sefa-bilingual.com/coloring

www.ingramcontent.com/pod-product-compliance
Lightning Source LLC
LaVergne TN
LVHW070448080526
838202LV00035B/2767